कोई नहीं अधरों से कहता

(कविता-संग्रह)

कोई नहीं अधरों से कहता

वीरेन्द्र विश्नोई 'सुमन'

हिन्द युग्म
hindyugm.com
BLUE

ISBN : 978-81-953529-5-1

प्रकाशक:
हिंद युग्म ब्लू
सी-31, सेक्टर-20, नोएडा (उ.प्र.)-201301
फ़ोन- +91-120-4374046

मुद्रक : थॉमसन प्रेस, दिल्ली
आवरण-चित्र : अनुषा विश्नोई (anusha.vishnoi@gmail.com)
कला-निर्देशन : विजेन्द्र एस विज

पहला संस्करण : 2021
मूल्य : ₹199

Koi Nahin Adharon Se Kehta
A collection of poems by *Virendra Vishnoi 'Suman'*

Published By
Hind Yugm Blue
C-31, Sector-20, Noida (UP)-201301
Phone- +91-120-4374046
Email : sampadak@hindyugm.com
Website : www.hindyugm.com

First Edition : 2021
Price : ₹199

माँ और पिता जी के लिए!

मैं और मेरी कविताएँ

मेरी प्रारंभिक शिक्षा उत्तर प्रदेश में बिजनौर के कोतवाली देहात क़स्बा एवं हल्दौर में हुई। इसके बाद उच्च शिक्षा वर्धमान कॉलेज, बिजनौर में संपन्न हुई।

बचपन से ही मुझे लिखने का शौक़ था। जब मैं कक्षा सात में था, तब एक कविता लिखकर मैंने अपने अध्यापक को दिखाई। वो एक अच्छे कवि थे और उनके कई कविता-संग्रह छप चुके थे। मेरे अध्यापक द्वारा मेरी कविता की ख़ूब सराहना की गई, जिसने मुझे और ज़्यादा लिखने के लिए प्रेरित किया।

शुरू में मैं कविताओं को रफ़ काग़ज़ पर लिखकर छोड़ देता था। बाद में विचार आया कि क्यों न एक डायरी में कविताओं को संग्रहित किया जाए। उसके बाद मैंने 'प्रणाम' नामक कविता लिखी जो डायरी पर लिखी प्रथम कविता थी।

मेरा बचपन आर्थिक रूप से कमज़ोर वातावरण में बीता। मैं हमेशा समाज से कटा हुआ महसूस करता था। उसी वातावरण की हीन भावना ने मेरे भीतर काल्पनिक प्रेम की रूपरेखा तैयार की जो मेरे लिखने का आधार बनी। मैंने अपने विचारों को कविता, ग़ज़ल, गीत और लोकगीत, गद्य कविता एवं मुक्तक के रूप में लिखना शुरू किया तो लिखता ही गया। ग्रामीण परिवेश में जन्म लेने एवं कुछ मुस्लिम माहौल होने के कारण मेरे लेखन में उर्दू शब्दों का भी प्रयोग हुआ है।

कई घटनाओं से प्रेरित होकर भी मैंने लिखा। एक बार गाँव से लौटते हुए पेड़ के नीचे बैठकर बस का इंतज़ार करते-करते ही एक कविता लिख डाली। कभी-कभी अचानक कुछ विचार मेरे मन में आते और फिर कविता के रूप में चलते-फिरते भी काग़ज़ पर उतर जाते। इस हेतु एक काग़ज़ मैं अपनी जेब में हमेशा रखता था।

स्टेज पर जाकर कविता सुनाने में मुझे बहुत झिझक होती थी। इसी कारण मैं स्टेज कवि नहीं बन पाया। हालाँकि, एक बार कॉलेज में मित्रों द्वारा जबरदस्ती मुझे स्टेज पर भेज दिया गया, उस समय सुनाई गई रचनाओं की बहुत सराहना हुई।

आकाशवाणी नजीबाबाद से भी मेरी कविताओं का प्रसारण हुआ है। यह मेरा प्रथम कविता-संग्रह है। इसके प्रकाशन में मेरी पुत्री अनुषा की विशेष भूमिका रही है। इसके साथ ही पुत्र अनिकेत एवं पत्नी अनीता की भी विशेष प्रेरणा रही है।

मुझे आशा एवं विश्वास है कि मेरी ये रचनाएँ सुधी पाठकों को भी ख़ूब पसंद आएँगी और उनके भीतर काव्य-धारा का प्रसार करेंगी।

धन्यवाद!

वीरेंद्र विश्नोई 'सुमन'

ईमेल- virendravishnoi05@gmail.com

फ़ोन- +91-7417781733

फ़ेसबुक- fb.com/virendra.vishnoi.5

पता- निकट शिवालिक स्कूल, आर्यनगर,
ज्वालापुर, हरिद्वार (उत्तराखंड)-249407

क्रम

कौन किसके क़रीब होता है
कौन किसका रक़ीब होता है
कोई रूठे मिले कोई अपनों से
अपना-अपना नसीब होता है

स्मृतियाँ

तुमसे बहुत दूर आकर
यहाँ मैंने
तुम्हारी ख़ूबसूरत स्मृतियों से
मित्रता कर ली है
कई बार सोचा कि
तुम्हारी ही तरह
मैं भी
इनसे विश्वासघात कर दूँ
इन्हें धोखा दे दूँ
किंतु
तुमसे बहुत अलग
इनकी कुटिल मुस्कान
अतीत में व्यतीत
सुंदरतम् क्षणों की सुखद अनुभूति को
कुछ
इस बख़ूबी से सिमेटती हैं
कि मैं इन्हें
प्रेम करने लगा हूँ

प्रणय-निवेदन

पीड़ाओं का प्रणय निवेदन, कब तुमने स्वीकार किया है
आशाओं का ये स्वर सागर, कब तुमने उरपान किया है

पाती लिखते लिखते हारे
उत्तर तक तुम दे ना पाए
तुम तक पहुँच नहीं हैं पाते
शायद इन जन्मों के साए
चाहते तो मधुमय बन जाते, पर कब तुमने प्यार किया है
पीड़ाओं का प्रणय-निवेदन, कब तुमने स्वीकार किया है

हाथों में घट ले पनघट पर
अक्सर देखा आते-जाते
युग बीते पर तृप्त हुई ना
धड़कन तुमको चाहते-चाहते
तुमने घट तो उठा लिया, पर मेरा कब उद्धार किया है
पीड़ाओं का प्रणय-निवेदन, कब तुमने स्वीकार किया है

जन्म बीत गए, युग बीते हैं
जपते-जपते नाम तुम्हारा
पूर्णता तक पहुँच न पाया
लेकिन अब तक प्यार हमारा
कितनी सदियाँ बीत गईं, पर कब तुमने अधिकार दिया है
पीड़ाओं का प्रणय-निवेदन, कब तुमने स्वीकार किया है

अब सावन की रिम-झिम बूँदें
कब बरसेंगी तेरे मन में
मधुमास में प्रेम की कलियाँ
कब चटकेंगी तेरे उर में
मेरे दर्द का बोझ है कितना, कब तुमने एहसास किया है
पीड़ाओं का प्रणय-निवेदन, कब तुमने स्वीकार किया है

जन्म-जन्म का प्रेम हमारा
हमसे तुमसे रूठ न जाए
ये बंधन जो बँध ना सका है
देखो फिर भी टूट न जाए

टूट न जाए मन की माला
मन के मोती बिखर न जाएँ
अधरों तक जो पहुँच सकी ना
वो आशाएँ रूठ न जाएँ
अश्रु बहाने से अच्छा है
उर में ज्योति प्रेम जलाएँ
इन स्वप्नों के मधुर जाल में
तुम बँध जाओ, हम बँध जाएँ
खो जाएँ फिर शून्य गगन में
चिर निद्रा में हम सो जाएँ
वीरानों से तो अच्छा है
मरकर क्यों न अमर हो जाएँ
सब हो जाता अब तक लेकिन, कब तुमने इक़रार किया है
पीड़ाओं का प्रणय-निवेदन, कब तुमने स्वीकार किया है

पीड़ा

मन का आँगन ख़ूब सजाया, आशाओं के दीप जलाकर
फिर भी लेकिन कोई ना आया, मेरे मन की पीड़ा हरने

प्रीत की डोली सूनी-सूनी
साजन की देहरी पर प्यासी
प्रतीक्षा में राह निहारे
गागर ज्यों बिन पनघट प्यासी
आँसू रोए सिसकी लेकर, लगे विचार भी मंथन करने
फिर भी लेकिन कोई ना आया, मेरे मन की पीड़ा हरने

कुछ टुकड़ों में वितरित होकर
जीवन लगा बलिदान माँगने
प्रेम की कंटकमय शैय्या पर
क्षणभंगुर विश्वास माँगने
नीरस से स्वप्नों के मंदिर, सुमन लगे डाली से झरने
फिर भी लेकिन कोई ना आया, मेरे मन की पीड़ा हरने

मन के कोरे से आँचल पर
तेरा नाम लिखा यादों से
धड़कन की दीवार ना टूटी
साँसों के झूठे वादों से
नाम मात्र की रही कल्पना, लगे गीत भी आहें भरने
फिर भी लेकिन कोई ना आया, मेरे मन की पीड़ा हरने

करतल चमक उठी मेहँदी से
कुमकुम से मस्तक लहलाया
वेदी तक सौगंध की आकर
तृष्णा का सागर लहराया
तूफ़ानों में लगी होड़ फिर, असहाय नौका को हरने
फिर भी लेकिन कोई ना आया, मेरे मन की पीड़ा हरने

विश्वासों के नव संगम पर
कैसे कल्पना याद मिटाए
कैसे रैन गुज़ारे तुम बिन
कैसे अतीत से पिंड छुड़ाएँ
बिना कहारों की डोली पर, मन की दुल्हन लगी तरसने
फिर भी लेकिन कोई ना आया, मेरे मन की पीड़ा हरने

प्रणय-बंधन

सूना जीवन तुम्हें समर्पण, प्रिय पावन हो प्यार तुम्हारा
पर स्वीकार नहीं कर सकता, प्रणय-बंधन प्रिय तुम्हारा

समय नहीं समझौता करता
पल-पल बढ़ते जाना है
सौंप दिए अधिकार मुझे जो
उन्हें निभाते जाना है
दर्द ख़ुशी के इस जीवन पर वैसे है अधिकार तुम्हारा
पर स्वीकार नहीं कर सकता, प्रणय-बंधन प्रिय तुम्हारा

कुछ क्षण वो भी आते हैं
जब आस अधूरी रहती है
दर्द सिमट के रो उठता है
प्यास अधूरी रहती है
मुझको भी महसूस है होता, जीवन का एहसास तुम्हारा
पर स्वीकार नहीं कर सकता, प्रणय-बंधन प्रिय तुम्हारा

मन से मन का पवित्र मिलन है
तन का फिर अधिकार ये कैसा
सूनापन जब मम जीवन तब
ख़ुशियों का व्यापार ये कैसा
दो मुझको आभास ना कम हो, मुझ पर से विश्वास तुम्हारा
पर स्वीकार नहीं कर सकता, प्रणय-बंधन प्रिय तुम्हारा

तुम जीवन के थाल सजाओ
कुसुमित होए प्यार हमारा
मुझको जब भी याद करोगे
बन जाऊँगा तेरा सहारा
मिट जाए ये जग सब लेकिन, नहीं मिटेगा प्रेम हमारा
पर स्वीकार नहीं कर सकता, प्रणय-बंधन प्रिय तुम्हारा

साँसों में तेरा प्यार समाकर
डगर पर बढ़ता जाऊँ मैं
दो मुझको एहसास ये ऐसा
थाह मंज़िल की पाऊँ मैं
कठिन बहुत है ऐसा करना, साध्य है गर हो अनुराग तुम्हारा
पर स्वीकार नहीं कर सकता, प्रणय-बंधन प्रिय तुम्हारा

शायद

अब तक अपनी पीड़ाओं का, मैं था एक अकेला साथी
अब तुम साथ चलो तो शायद ये जीवन उज्ज्वल हो जाए

उठती-गिरती बावरी लहरें
अंधकार-सा था ये जीवन
अपनी नाव लिये बैठा था
ढूँढ़ रहा था मौसम पावन
अब तक सपनों की नैया का, मैं था एक अकेला राही
अब तुम साथ चलो तो शायद ये जीवन उज्ज्वल हो जाए

कल्पनाओं के दीप जलाकर
बैठा था मन मंदिर द्वारे
सूनी राह बिछी हुई थी
पल-पल आँखें तुम्हे निहारे
झूल रहा था लिए कल्पना, अब तक कंटकमय शूलों पर
अब तुम साथ चलों तो शायद ये जीवन उज्जवल हो जाए

दिल की धड़कन सोचा करती
क्यों सूनी-सी बोझिल साँसें
हर पल जल से पूरित नदियाँ
बैठे फिर क्यों तट पर प्यासे
अक्सर जल तो बरसाता है, वैसे ये मतवाला बादल
अब स्नेह का अमृत लाओ तो, प्यास स्वयं ही तृप्त हो जाए

एक अरसे से जीवन पतझड़
मधुमास था नयन से ओझल
मन चातक प्यासा स्वाति को
दिल को चाहिए प्रेम का आँचल
मंज़िल तक तो स्वयं पहुँचूँगा, थक जाऊँ चाहे राहों पर
अब तुम हाथ थाम लो शायद, मंज़िल स्वयं आँगन बन जाए

गीत

हाथों से पाती छूट गई, लगता है क़िस्मत रूठ गई
अब सोच रहा हूँ मन ही मन तुम्हें गीत लिखूँ तो कैसे लिखूँ
तुम्हें गीत लिखूँ तो कैसे लिखूँ

रिश्तों की नाज़ुक ज़ंजीरें
क्यों पल दो पल तुमने बाँधी
वादों के मंज़र टूट गए
जब चली समय की वो आँधी
यादों का सूनापन लेकर, एहसास अकेले रूठ गए,
सपनों के कोरे काग़ज़ पर, तुम्हें मीत लिखूँ तो कैसे लिखूँ
तुम्हें गीत लिखूँ तो कैसे लिखूँ

दे जाना अपने ग़म सारे
है आँसू का भंडार यहाँ
अपने दर्दों की झोली में
बिखरा-बिखरा संसार यहाँ
ये दर्द बेचारे क्या जानें, नदियाँ क्यों प्यासी रहती हैं,
पतझड़ के सूने आँचल पर, अवसाद लिखूँ तो कैसे लिखूँ
तुम्हें गीत लिखूँ तो कैसे लिखूँ

सोचा कई बार तुम्हें जाकर
मेरे पथ के बिछुड़े राही
इतना तो मैं समझा आऊँ

मंज़िल अब तक क्यों नहीं पाई
फूलों की अर्थी शूलों पर, शायद तुमने देखी होगी,
नाज़ुक कलियों पर भवरों का प्रेमगीत लिखूँ तो कैसे लिखूँ
तुम्हें गीत लिखूँ तो कैसे लिखूँ

प्रेम-मिलन को प्यासी घड़ियाँ
यूँ धीरे-धीरे बीत रही हैं
उर दीपक अब विरह में जलता
प्यासी पलकें भीग रही हैं
ख़ुशी का साया पाया तुमने, तुम क्या जानो विरह की पीड़ा
तेरे कोमल अधरों पर, सुमन-प्रीत लिखूँ तो कैसे लिखूँ
तुम्हें गीत लिखूँ तो कैसे लिखूँ

पथिक

जाने वाले को रोका है किसने मगर
मेरी आँखों के आँसू तुझे रोक ले
तो पथिक मेरे मन के ठहर जाना तुम

तेरी राहों में आँचल बिछा लेंगे हम
तेरे क़दमों में जाँ भी लुटा देंगे हम
लेकिन तुझसे ना शिकवा करेंगे कभी
फिर भी आहें मेरी गर तुझे रोक लें
तो पथिक मेरे मन के ठहर जाना तुम

तुमसे रिश्ता ही क्या था वफ़ा थी मेरी
तुझको चाहा था बस ये ख़ता थी मेरी
लेकिन तूने ना समझा तो कुछ ग़म नहीं
फिर भी यादों के साये तुझे रोक लें
तो पथिक मेरे मन के ठहर जाना तुम

जाने किसके लिए अब तक जीते रहे
घूँट अश्कों का अमृत-सा पीते रहे
अपनी हस्ती क्या जो तुझे रोक ले
फिर भी मेरे ही इरादे तुझे रोक ले
तो पथिक मेरे मन के ठहर जाना तुम

मेरे आँसू नहीं बहता पानी है ये
मेरे ज़ख़्मों की अपनी कहानी है ये
तेरा क्या ज़ख़्म मेरे थे मेरे हैं ये
फिर भी रिसता हुआ दर्द तुझे रोक ले
तो पथिक मेरे मन के ठहर जाना तुम

मैंने सब कुछ पिया, ज़हर भी प्यार भी
तूने सब कुछ दिया ग़म का सैलाब भी
यूँ तो रोकेंगे ना उम्र भर हम तुम्हें
फिर भी लहराता आँचल तुम्हें रोक ले
तो पथिक मेरे मन के ठहर जाना तुम

एक कसम है अतीत का एहसास है
बेवफ़ाई का दर्द प्यार की प्यास है
अंतिम साँसों की सौगंध तुझे है सुमन
आख़िरी साँस मेरी तुझे रोक ले
तो पथिक मेरे मन के ठहर जाना तुम

अंतिम चाह

बस अभिलाषा यही है बाक़ी
कल जब मैं मर जाऊँ साथी
आ जाना तुम किसी बहाने
शव पर दो आँसू ढलकाने

रात को जब ये जग सो जाए
आसमान पर तारे छाएँ
कलियाँ जब बेसुध हो जाएँ
मन में जब पीड़ा जग जाए
मम जीवन की शबनम बनकर
   आ जाना तुम किसी बहाने
   शव पर दो आँसू ढलकाने

अंतिम अभिलाषा है प्यासी
बनना चाहती तेरी दासी
तोड़ के बंधन मेरे साथी
प्रेम के रिश्ते साथ निभाने
उर दीपक की बाती बनकर
   आ जाना तुम किसी बहाने
   शव पर दो आँसू ढलकाने

हम प्रतीक्षा में रत तेरे
आस लगाए बैठे होंगे

पत्तों की भी हर आहट पर
साँस थमाए बैठे होंगे
चंद्र किरण बनकर रजनी में
    आ जाना तुम किसी बहाने
    शव पर दो आँसू ढलकाने

तेरा आना मुझको भाए
जीवन-मरण सफल हो जाए
शायद फिर हम ना मिल पाएँ
दर्द यहीं प्यासे रह जाएँ
हवा का आँचल बनकर प्रिय
    आ जाना तुम किसी बहाने
    शव पर दो आँसू ढलकाने

आ ना सके यदि इस अवसर पर
भूल बड़ी अनजानी होगी
समझा सका ना मन की व्यथा
यही मेरे नादानी होगी
    या समझ सके ना मम व्यथा
    मन की आकुलता ना जानी
    या हम सहरा के मृग बनकर
    समझ सके ना प्रेम कहानी

कुछ भी हो कैसा भी चाहे
ये तुम जानो या हम जानें
जीवन सपने टूट गए अब
जीते जी जो ना पहचानें
अब क्या शिकवा कैसी शिकायत

अंतिम साँसे पास खड़ी हैं
अब क्या अवसर भूल सुधारे
पैरों में ज़ंजीर पड़ी है
इसीलिए बस भूल के सब कुछ
आ जाना तुम किसी बहाने
शव पर दो आँसू ढलकाने

बंधन

स्नेह के बंधन कैसे बंधन, क्या इनसे ले पाते हैं हम
बाद बिछुड़ने के अपनो से, फिर क्यों अश्रु बहाते हैं हम

दर्द यहाँ आँसू भी यहाँ सब
मिलता है बस प्यार के बदले
मिलता है तन्हाई का आँचल
झूठे वादे झूठी कसमें
झूठे हैं संसार के रिश्ते, फिर क्यों प्रीत बँधाते हैं हम
बाद बिछुड़ने के अपनों से, फिर क्यों अश्रु बहाते हैं हम

पाने की चाहत में अक्सर
खो जाता है सब कुछ अपना
जिसको समझते हैं हम अपना
होता है वो केवल सपना
सपनों की दीवारों से क्यों फिर कल्पित महल बनाते हैं हम
बाद बिछुड़ने के अपनो से, फिर क्यों अश्रु बहाते हैं हम

रिश्तों की तस्वीरें बनती
रंग प्यार का भर देते हैं
मिलता है जब जिनको अवसर
सूनापन दे चल देते हैं
देखा है कई बार मगर क्यों फिर भी नयन मिलाते हैं हम
बाद बिछुड़ने के अपनों से, फिर क्यों अश्रु बहाते हैं हम

कौन किसी को क्या देता है
कौन कहाँ ले जाता है
रह जाता है यहीं पे सब कुछ
ख़ाली हाथ चला जाता है
ज्ञात है सबको फिर भी हर पल क्यों अधिकार जताते हैं हम
बाद बिछुड़ने के अपनो से, फिर क्यों अश्रु बहाते हैं हम

छाँव में

छाई घटा कहीं अंबर पे
और बिजली चमके तड़क-तड़क
कहीं दूर गगन की छाँव में

घुमड़-घुमड़ के बादल बरसे
गोरी का मन पिया को तरसे
फिर नाच उठी है हरियाली
कहीं बाँध के घुंघरू पाँव में
कहीं दूर गगन की छाँव में

रिमझिम-रिमझिम बूँदें बरसे
मोती जैसे सीप से बरसे
फिर तड़प रही है प्रातः सूर्य को
कहीं लगा के जीवन दाँव में
कहीं दूर गगन की छाँव में

आस का घूँघट लाज को तरसे
आँखों से क्यों आँसू बरसे
ले जा संदेशा मेरा पवनिया
दूर पिया के गाँव में
कहीं दूर गगन की छाँव में

अभिलाषा

अभिलाषा है तारा बनकर खो जाऊँ मैं नील गगन में
अभिलाषा है पुष्प बनूँ मैं और खिल जाऊँ किसी चमन में

देख सके जो पा न सके वो
मुझमें बस मैं ही खो जाऊँ
मुझे देखकर मचल ना जाए
सुप्त मुद्रा में जब हो जाऊँ
घुट-घुटकर ही ना मर जाऊँ, शायद मैं कहीं किसी घुटन में
अभिलाषा है तारा बनकर खो जाऊँ मैं नील गगन में

पराग प्रवर्षण हो अधरों से
मेरी सुगंध में जग खो जाए
ऐसा मैं शीतल प्रकाश दूँ
जिससे मन शीतल हो जाए
झुलस न जाए बदन मेरा ये, कहीं विरहन की किसी अगन में
अभिलाषा है पुष्प बनूँ मैं, और खिल जाऊँ किसी चमन में

तार- तार न बने वेदना
अभिलाषा ना हो जाए आहत
मीठा- मीठा स्वप्न खोज लूँ
घुट न जाए मेरी चाहत
कजरे की रेखा बनकर के, छिप जाऊँ मैं किसी नयन में
अभिलाषा है तारा बनकर खो जाऊँ मैं नील गगन में

ज़िंदगी

मैं तरसता रहा प्यार ही के लिए
प्यार मिल ना सका ज़िंदगी के लिए
आशियाँ लुट गया, हर कली मिट गई
ज़िंदगी ना मिली ज़िंदगी के लिए

एक हसरत थी कल, तुझको पाऊँगा मैं
सिमटी आँचल में, हमदम चली आएगी
लेके दामन में ख़ुशियाँ तू आएगी जब
मेरी ये वीरान दुनिया सँवर जाएगी
लेकिन हो ना सका ऐसा होना ना था
ऐसा हो ना सका ज़िंदगी के लिए
आशियाँ लुट गया, हर कली मिट गई
ज़िंदगी ना मिली ज़िंदगी के लिए

आज तन्हा हूँ मैं, मेरी तन्हाई है
साथी इसके सिवा और कोई नहीं
चार पल की है ये चाँदनी ज़िंदगी
कल इसका भी कोई भरोसा नहीं
शाम भी है उदास, बुझ रही है शमा
शमा जल ना सकी ज़िंदगी के लिए
आशियाँ लुट गया, हर कली मिट गई
ज़िंदगी ना मिली ज़िंदगी के लिए

मौत आएगी कल बनके ख़ामोश दुल्हन
सेहरा बाँधे कफ़न का, मैं ले आऊँगा
ज़िंदगी की रंगीनियाँ बिखर जाएँगी
तेरी दुनिया से कल जब चला जाऊँगा
कल तक जीता रहा सिर्फ़ कल के लिए
कल मिल ना सका ज़िंदगी के लिए
आशियाँ लुट गया, हर कली मिट गई
ज़िंदगी ना मिली ज़िंदगी के लिए

ज़िंदगी मौत है, ज़िंदगी है कफ़न
ज़िंदगी प्यार है, ज़िंदगी है दुल्हन
ज़िंदगी के लिए, ज़िंदगी माँगता
ज़िंदगी ना मिली, ज़िंदगी के लिए
आशियाँ लुट गया, हर कली मिट गई
ज़िंदगी ना मिली ज़िंदगी के लिए
मैं तरसता रहा प्यार ही के लिए
प्यार मिल ना सका ज़िंदगी के लिए

कशिश

एक याद महकती है, फूलों की तरह दिल में
ये कैसी कशिश है कि ख़ुशबू पा नहीं सकते

तड़पता दिल तो रहता है, मगर आवाज़ ना निकले
ये कैसा रिश्ता है कि तुमको, चाहकर चाह नहीं सकते

उधर हैं उलझने दिल में, इधर एहसास होता है
ये कैसे गीत लिखे हैं, जिन्हें हम गा नहीं सकते

मिटाई रस्म दुनिया की, छिपाए ज़ख़्म जीवन के
ये कैसी बेकसी है, आह दिल की दिखा नहीं सकते

तरसती है निगाहें , तुमको एक पल देख लेने को
ये कैसा माजरा, उठते क़दम हम जा नहीं सकते

दिल की बात रह जाती है ,अक्सर लब तक आकर
बड़े मजबूर हैं, तुमसे बात अपनी कह नहीं सकते

सुनो वो और होंगे जो बीते कल को भूल जाते हैं
बनाकर के तेरी तस्वीर दिल में हम मिटा नहीं सकते

बेवफ़ाई

एक शख़्स निभा रहा है बरसों से बेवफ़ाई
मैं दिल से फिर भी उसको प्यार कर रहा हूँ

ये जानता हूँ ना आएँगे वो कभी मेरे दर पर
मैं बरसों से फिर भी उसका इंतज़ार कर रहा हूँ

इतना दिया है धोखा कि वीरान हो चुका हूँ
मैं फिर भी उसकी हाँ में विश्वास कर रहा हूँ

वो ज़ख़्म देकर मुझको, हँसते सदा रहे हैं
ये जानता हूँ लेकिन मैं फिर भी लुट रहा हूँ

वो शायद ये ना सोचे, मैं उनका रकीब ना हूँ
बस इसलिए ही अब तक रो-रोकर हँस रहा हूँ

वो मुस्कुराकर मुझको चुपके से लूटते हैं
मैं जानता हूँ लेकिन मैं फिर भी लुट रहा हूँ

वो ज़िंदगी है मेरी, मेरे दिल की धडक़न है
मैं सिर्फ़ उनकी ख़ातिर, तन्हा-सा जी रहा हूँ

अतीत

बीते पल आज रुलाते हैं, हम भूल नहीं उन्हें पाते हैं
जो गीत बने कल साज़ों पर, वो याद बहुत हमें आते हैं

पल-पल रैन गुज़ारी उन संग, अब कैसे ख़ामोश रहें
दुख होता है हमको भी नाते नहीं तोड़े जाते हैं

वो शायद हमें भूल भी बैठे, पर ऐसा विश्वास नहीं
हम पर तो कुछ और नहीं बस उनकी भूली यादें हैं

वैसे तो इस जीवन पथ पर, हर राह अलग हो जाती है
नहीं पता फ़िर कुछ दूर पर कब साथ-साथ मिल जाते हैं

लगता है उनका और मेरा, बस साथ यहीं तक रहना था
उनके गेसू, रुख़सार हमें, अब भी बहुत सताते हैं

अब टूट-टूटकर खो जाएँ, पलको को बंद कर सो जाएँ
जो बिछड़ गए कल हाथों से, फिर कभी कहाँ मिल पाते हैं

उनकी यादें अब शेष रहें, कुछ नाते भी अवशेष रहें
बस इसीलिए पल-दो-पल अक्सर गीत उन्हीं के गाते हैं

फिर कभी

तुम चले आओ अभी, मन में मुरादें लेकर
क्या पता फिर कभी तुमसे मुलाक़ात ना हो

कितनी राते हैं गुज़ारी तेरी यादों में सनम
क्या पता फिर कभी वे हसीन रात ना हो

अब भी दामन में मेरे तेरा ही अक्स उभरे है
क्या पता फिर कभी ये ऐसा पाक ना हो

दिल के आईने में अभी एक भी लकीर नहीं
क्या पता मेरा ये दिल फिर कभी बेदाग़ ना हो

अब तो हसरत थी तेरी बाहों में दम निकले
क्या पता फिर कभी ऐसे ये जज़्बात ना हो

ज़िंदगी ख़ुश है तेरे इंतज़ार में तो अभी
क्या पता फिर ये कभी ऐसे शादाब ना हो

अब तो बैठे हैं नज़रें राह में बिछाकर तेरी
क्या पता फिर कभी हमसे ये इंतज़ार ना हो

ठहरने दो अभी कुछ पल निगाहें रुख़ पर
क्या पता फिर कभी तेरा दीदार ना हो

हसरतें बाक़ी ना रहें आओ कुछ ऐसे मिलें
क्या पता फिर कभी मिलने का एहसास ना हो

तन्हाई

जब कहीं शाख़ पर कोयल गुनगुनाएगी
फिर कोई याद तेरी दिल में उभर आएगी

और करेंगे हम इंतज़ार तेरा कब तक
फिर कोई शाम यूँ उदास गुज़र जाएगी

थी और बात जब ज़ुल्फ़ों का तेरे साया था
अब तो हर रात अश्कों में गुज़र जाएगी

दर्द छेड़ो ना मेरा साहिल के तमाशाई
किश्ती यादों से ही पार गुज़र जाएगी

अब सितारे भी हसीं नहीं लगते मुझको
वो भी छुप जाएँगे, जब चाँदनी निकल आएगी

फिर चला आएगा कोई लेकर वफ़ाओं का सिला
उनके आने से मेरी बगिया महक जाएगी

तुम ही चूमोगे फिर आकर मेरा कफ़न
जब मेरी मय्यत तेरे दर से गुज़र जाएगी

याद रहेगा तेरा मिलना ये क़यामत तक
मेरी मोहब्बत तुझे बेदाग़ बना जाएगी

कैसे

जो याद दे गए तुम, दिल से भुलाऊँ कैसे
जो दर्द दे गए हो, उसको मिटाऊँ कैसे

आवाज़ खो गई है, मेरी वादियों में अब तो
जो गीत लिख गए हो, उसे गुनगनाऊँ कैसे

मायूस हो चला हूँ, जज़्बात से भी अपने
अश्कों का ये समुंदर, दिल में छिपाऊँ कैसे

मेरे अश्क हँस रहे हैं, हालात पर ही मेरे
ज़ख़्मों से दिल भरा है, तुमको दिखाऊँ कैसे

तेरे साथ जो गुज़ारी, हसरत भरी वो रातें
एक याद सी है, बाकी दिल से भुलाऊँ कैसे

पाकीज़ा मेरी उल्फ़त बदनाम हो ना जाए
ज़ालिम बहुत है दुनिया, तुमको बताऊँ कैसे

जब से है तुमने छोड़ा, गुलशन वीरान पड़ा है
मुरझाए गुल के दिल में, ख़ुशियाँ लाऊँ कैसे

एक दिन तो फिर मिलेंगे, क़िस्मत ने गर चाहा
सुमन को मिलेगी जन्नत, तुमको बताऊँ कैसे

ख़ामोशी

कोई नहीं अधरों से कहता, क्यों ख़ामोश सा रहता हूँ
क्यों पीता हूँ अश्रु प्यास बिन, क्यों सूना-सा जीता हूँ

मेरी इच्छाओं का दामन, थाम नहीं सकता कोई आकर
दे नहीं सकता कोई सहारा, क्यों मदहोश-सा रहता हूँ

बीते पल सपनों-से लगते, अपने आज पराए लगते
किसकी ख़ातिर इस जीवन का, बोझ अकेला सहता हूँ

उपवन में फैली है बेला, पुष्प ढूँढता साथी अकेला
शूलों की पैनी नोकों से, यूँ ही डरता रहता हूँ

मैं माझी मेरे साथ ना कोई, नदिया मुझको डसना चाहती
ज़हर उगलती लहरों में बस, नाव खेता रहता हूँ

कुछ पल और उदासी लेकर, कट जाएगा मेरा जीवन
दिल की उजाली दोपहरी में, अनुभव लेता रहता हूँ

तेरे मन की इच्छाओं का संगम नहीं हो सकता जब
फिर क्यों मुझसे मिलते हो, क्यों बदनाम मैं रहता हूँ

वियोगिनी

तरंगिणी तट पर तले तरुवर के
बैठी कमनीय तरुणी बाला
केश खुले थे वसन बिखरे थे
नयन थे जैसे मद का प्याला

मुकुल ओष्ठा थे नयन अचल थे
विरह वेदना में तपती थी
देह पर उसके अतुल तेज था
खुला व्योम था वायु कँपती थी

कौन है बाला क्यों बैठी है
शांत भाव से मैंने सोचा
कैसा दुख है नवयौवना को
अभिलाषा वश मैंने सोचा

बहुत समय तक यूँ ही विचारा
पा ना सका पर मैं थाह उसकी
विरह में किसकी बनी वियोगिनी
उर में उसके चाहत किसकी

उत्सुकता थी मैं जा पहुँचा
त्वरित गति से समीप में उसके
क्यों बैठी हो क्या चाहत है
पूछा जाकर मैंने उससे

कोलाहल-सा सुनकर मेरा
जाग उठी थी स्वप्न-सा खोकर
देखा मुझको कुछ ना बोली
अलसाए स्वप्नों से खोकर

कुछ पल देखा एकटक मुझको
पलकें मानो अचल हो गईं
धीमे पग से दृष्टि झुकाए
चली गई वो ओझल हो गई

अब मैं समझ गया था तब तक
उसके जीवन की परिभाषा
विरह वेदना लिए है उर में
बिखर गई है सब अभिलाषा

सिसकियाँ

यूँ सिसकती रही चाँदनी रात भर
रात शबनम के आँसू बहाती रही
तुम ना आए समय यूँ ही जाता रहा
आँखें पलकों का आँचल फैलाए रहीं
रात का हर लम्हा मुझमें उलझा रहा
वादियों दूर तक गुनगुनाती रही
समय रुक ना सका पल दो पल कहीं
सुबह आती रही, रात जाती रही

खिल उठा जब सबेरे का उजला पहर
तपिश किरणों की बदन झुलसाने लगी
आकर पूछा फिर सुबह ने चुपके से यूँ
किसकी यादों में विरह गीत गाती रही
बोल अटका रहा, होठ थर्रा उठे
सिसकियाँ साज़ अपना बजाती रहीं

झरना आँखों से झर-झर झरता रहा
यादें बीते समय की आती रहीं
तुम ना आए समय यूँ ही जाता रहा
आँखें पलको का आँचल फैलाए रही
यूँ सिसकती रही चाँदनी रात भर
रात शबनम के आँसू बहाती रही

यादें

जाने को तुम चले जाओगे
रोक नहीं सकते हम तुमको
लेकिन इतनी विनती प्रिय
भूल न जाना जाकर हमको

मेरे सपनों के आँगन में
यादों के तेरे फूल खिलेंगे
लौट सके गर तुम प्रिय तो
हो सकता है हम फिर मिलेंगे

वरना इस संसार से आगे
अभी तो एक संसार और है
रोक सके वहाँ हमको-तुमको
शायद किसी का ज़ोर नहीं है

उस संसार में प्रेम हमारा
हमसे तुमसे जुदा ना होगा
हम होंगे और तुम होगे बस
इससे आगे कुछ ना होगा

कौन ना जाने

कौन ना जाने उर में आकर
मीठा दर्द बसा देता है
कौन ना जाने प्रतिक्षण आकर
बीती याद जगा देता है

पल-पल उनका पुनः स्मरण
अंतर में उलझन पैदा कर
कौन ना जाने यूँ ही आकर
स्वप्न नया-सा जगा देता है

रात साँवली कट जाती है
चुपके-चुपके अश्रु बहाकर
कौन ना जाने दर्द-सा बनकर
आँचल अमल भिगो देता है

तारे गिन-गिन बीती उमरिया
रात निहारे हारे नयना
कौन ना जाने फिर भी लेकिन
एक आशा-सी बँधा देता है

बार-बार पाने की आशा
जाने कौन मिटा देता है
अंधकार-सा भरकर मन में
कौन ना जाने चला जाता है

स्वार्थ

कौन किसे यहाँ प्रेम है करता
सब स्वार्थों का नाता है
रसविहीन हो पुष्प तड़पता
भौंरा फिर उड़ जाता है

जलती यहाँ ख़ामोश चिताएँ
जीवन एक अँधेरा है
तिल-तिल जलती आस यहाँ पर
जीवन ही मिट जाता है

सूनी पलकें ख़्वाब अधूरे
एहसास नहीं कुछ अपनों का
उम्र गुज़रती अपना कहते
अपनापन मिट जाता है

दर्द छिपाए प्रीत का मन में
ढूँढ रहे उन्हें सपनों में
जिन के ख़ातिर जलता जीवन
सुख सारा लुट जाता है
रसविहीन हो पुष्प तड़पता
भौंरा फिर उड़ जाता है

एहसास

एहसास को तोड़ता
जीवन का एक-एक पल
यूँ लगता है कि जैसे
कोई मेरे सीने पे
मेरी समस्याओं का बोझ
चुपचाप रख गया हो
लेकिन
तीखी हवाओं की चुभन जैसी
मेरी कल्पनाओं की मीनार
एक ही धक्के से
ढा गया हो
और मैं देख रहा हूँ
ये सर्वस्व
ढहता हुआ, दबता हुआ
और महसूस करता हूँ कि
बस
शायद कभी कोई पराकाष्ठा आए
और मैं
उस पार
गुजर जाऊँ...

जीवन

जीवन के
अजीब-ओ-ग़रीब रास्तों पर
चलते हुए
यही महसूस होता है
कि राह में
अनगिनत चलती हुई गाड़ियों के
भीड़ भरे डिब्बों के बीच
ख़ुशी को बाँट लेने की
अथाह चाह लिए
कितने ही लोगों ने दस्तक दी है
किंतु, जब कभी भी
बोझिल ग़मों का जमघट
मेरे चारों ओर एकत्रित होने लगता है
तब लोग
चल देते है उठकर
नई राह की तलाश में
और मैं
एक सूनसान-सी चाह लिए
देखता हूँ उनको जाते हुए
और सोचता हूँ कि
यही जीवन है

जाम

ऐ मेरे दिल के सनम
तेरे नयन रूपी प्यालों में
आँसू के जाम छलकते हुए
मैंने देखा है
जिसमें फूलों का रस है
शबनम के मोती हैं
और कसक है उन यादों की
जिसकी तेरे दिल में चाहत है
इनसे
जाम को ना छलकने दे
वरना ये प्यालों को धो देंगे
देखकर अपनी सूरत को प्याले
जाम की ख़ातिर रो देंगे
क्योंकि
इनके दिल की धड़कन को मैंने देखा है

ऐ मेरे दोस्त!
तेरे नयन रूपी प्यालों में
आँसुओं के जाम छलकते मैंने देखा है
ख़ूबसूरत लम्हों की नज़ाकत हैं इनमें
टूटे हुए अरमानों की चाहत है इनमें
इनकी ख़ातिर ना छलकने दे इनको

वरना ये जीवन खो देंगे
क्योंकि,
इनमें यादों को सिसकते मैंने देखा है

ऐ मेरे दोस्त!
तेरे नयन रूपी प्यालों में
आँसुओं के जाम छलकने मैंने देखा है

हृदय गद्गद् हो जाए

सागर जैसा मेरा जीवन
गहराई में सब खो जाए
हीरे, मोती, माणिक इतने
जिसका मन जितने ले जाए

प्रीत लुटाकर प्रीत मिले तो
चाहे जग सारा खो जाए
अपनों सा सम्मान मिले तो
श्रद्धा से मन नत हो जाए

प्रेम की भाषा, प्रेम का अर्पण
प्रेम से ही ये मन हर्षाए
ऐसा जब महौल बने तब
क्यों ना हृदय गद्गद् हो जाए

तेरे लिए

ढूँढ लेंगे एक टूटा कोई आशियाँ
तेरी बस्ती से दूर अब जाना तो है
    अपने आँचल में भर लेंगे हम सारे ग़म
    तेरी ख़ातिर हमें मुस्कुराना तो है

तू ना समझे हमें तेरी मजबूरियाँ
दास्ताँ अब लबों की मिटानी तो है
बेवफ़ाई के क़िस्से बिखर जाएँगे
तेरा एहसास दिल में सजाना तो है
    अपने आँचल में भर लेंगे हम सारे ग़म
    तेरी ख़ातिर हमें मुस्कुराना तो है

दर-ब-दर भटकेंगे प्यार की राह पर
तुम भी देखोगे हम भी देखेंगे पर,
उम्र के फ़ासले यूँ ही बढ़ जाएँगे
एक लंबा सफ़र तय करना तो है
    अपने आँचल में भर लेंगे हम सारे ग़म
    तेरी ख़ातिर हमें मुस्कुराना तो है

कितनी वीरानियाँ, कितनी तन्हाइयाँ
दर सजाएँगी उल्फ़त के एहसास का
फिर मिलें ना मिलें ये ज़रूरी नहीं

पीछे गुज़रा हुआ एक ज़माना तो है
    अपने आँचल में भर लेंगे हम सारे ग़म
    तेरी ख़ातिर हमें मुस्कुराना तो है

बादलों की तरह चल के खो जाएँगे
पक्षियों की तरह थककर सो जाएँगे
ये मोहब्बत नहीं है तो फिर क्या हुआ
एक टूटा हुआ अफ़साना तो है
    अपने आँचल में भर लेंगे हम सारे ग़म
    तेरी ख़ातिर हमें मुस्कुराना तो है

दो पल

अगर दो पल के जीवन का मैं एहसास पा जाता
बहुत संभव तुम्हें मैं तुम्हारा प्यार दे पाता

तड़प उठता कभी ये दिल तुम्हारी अतृप्त यादों में
चाँदनी-सी भीगी रातों का तुम्हें आभास हो जाता

अगर मिलते कभी हम तुम सागर के किनारों पर
ये सागर मूक भाषा में कहानी सबसे कह जाता

सावन के महीने में अगर होते पास तुम मेरे
ये रिमझिम बादल वर्षा का ख़ुशी के आँसू बरसाता

तन्हाइयों के आँचल में अगर सोते कभी हम तुम
विरह में ये तड़पता दिल, दिल का राज़ दे जाता

ये तन्हाइयों के दायरे जब हमें हमसे भुला दें, तो
कि सुलझी वादियों हमको मंज़िल बता देती

कभी जो साँवली रातें भुला देती हमारे पथ
सिसकती चाँदनी यूँ तन्हा आँचल फैला देती

वो और हम

ना जाने कहाँ से हवा वो चली
दिलों की मोहब्बत बदलती गई
एक झोंका था, सब कुछ उड़ा ले गया
वफ़ा बेवफ़ा में बदलती गई

बड़ी आरज़ू थी निभाएँगे हम
तमन्ना जो दिल में दिखाएँगे हम
एक रिश्ता जो टूटा तो ऐसा हुआ
खिजाँ आसमाँ से बिखरती गई
एक झोंका था, सब कुछ उड़ा ले गया
वफ़ा बेवफ़ा में बदलती गई

ना उनकी ख़ता ना हमारी ख़ता
जो होना था वो होकर रहा
ये मौसम था आँसू में बहने लगा
निगाहें उन्हीं की बदलती गई
एक झोंका था, सब कुछ उड़ा ले गया
वफ़ा बेवफ़ा में बदलती गई

हमें बेवफ़ाई का कुछ ग़म नहीं
उन्हें बेवफ़ाई का कुछ ग़म तो है
समय ही बताएगा एहसास क्या
क्यों हमारी हक़ीक़त सिसकती गई

एक झोंका था, सब कुछ उड़ा ले गया
वफ़ा बेवफ़ा में बदलती गई

शिकवा ना उनसे, शिकायत नहीं है
बहुत ठीक ढंग से जीते जो
ग़लत थे हमीं जो मिटते रहे
वफ़ा भी हमारी तरसती गई
एक झोंका था, सब कुछ उड़ा ले गया
वफ़ा बेवफ़ा में बदलती गई

सिर्फ़ तुम

जब तुम प्यार नहीं दे सकते
फिर क्यों अभिशाप सुनाते हो
जब अधिकार नहीं दे सकते
फिर क्यों अधिकार जताते हो

जग भी मेरा उपहास उड़ाता
तुम भी मुझे सताते हो
मिथ्या स्वप्न लोक दिखाकर
सब कुछ हरना चाहते हो

क्यों झूठे आश्वासन देते
क्या जीवन एक सपना है
ये तो बस एक व्यर्थ भ्रम है
कोई नहीं यहाँ अपना है

कितने आँसू थामे मैंने
कितने अश्क बहाए हैं
तुम क्या जानों दर्द यहाँ पर
क्या-क्या मैंने पाए हैं

जिसको मैं अपना कहता था
वो भी मेरे मीत नहीं
जग भी एक छलावा छलता
यहाँ किसी की प्रीत नहीं

फिर गर तुम मुझको छलते तो
इसमें तुम्हारा दोष नहीं
जीवन एक सतत संघर्ष है
विश्वास यहाँ अब शेष नहीं

जीवन टुकड़े-टुकड़े होकर
अब मुझको बहलाता है
साँसें थमकर सोने लगी हैं
रास नहीं कुछ आता है

सब कुछ तुम दे सकते थे पर
तुमने ये अधिकार ना जाना
हम भी तेरे साथी थे
तूने ये एहसास ना जाना

ये अनजाना जीवन मेरा
तेरी राह निहारा करता
स्वप्न सँजोता मीठे-मीठे
तेरे प्यार में खोया रहता

हो सकता कल यूँ भी आए
तुम आकर अपना लो मुझको
अपनी आँख का मोती समझो
अपने गले लगा लो मुझको

इसी आस में बैठा हूँ मैं
प्रतीक्षा में नयन लगाए
शायद विश्वास बनूँ मैं तेरा
वही हो जाए, जो तू चाहे

तड़पती यादें

आँखों के आँसू ना इनको समझ, ये टूटे हुए कुछ मोती हैं
तेरी यादों में रह-रहकर, अब तक ये आँखें रोती हैं

फूलों से जैसे होठों पर ये
चमक रहे शबनम बनकर
चेहरे के चाँदनी आँचल पर
ये दमक रहे तारे बनकर
गुलशन में अब वो चमक नहीं, जो बरसात में होती है
तेरी यादों में रह-रहकर, अब तक ये आँखें रोती हैं

मेरा क्या टूटी नैय्या मैं
नैय्या का खिवइया कोई नहीं
मैं ढूँढ रहा हूँ साहिल को
मझधार में साथी कोई नहीं
हाथों की पतवारें अब तक, टूटी नैय्या खेती हैं
तेरी यादों में रह-रहकर, अब तक ये आँखें रोती हैं

रोते-रोते बस यादों में
एक उम्र जो जैसे बीत गई
गाते-गाते दुख के नग़मे
नग़मों की बारातें लौट गईं
अब लौट चलो तुम भी साथी, यादों की रातें सोती हैं
तेरी यादों में रह-रहकर, अब तक ये आँखें रोती हैं

सूने दर्द

तुमसे क्या शिकवा करें क्यों शिकायत
मेरी ही यहाँ कोई विरासत नहीं है
खाली हाथ जाना है इस जहाँ से
ले जाने की कुछ भी इजाज़त नहीं है

विरह की लपटों में झुलसने लगा मन
मिलन की घड़ियाँ भी सूनी पड़ी हैं
बहुत दर्द दे डाले हैं जहाँ ने
अब मुझमें सहने की ताक़त नहीं है

अनोखा है बंधन अनोखी कहानी
सितम ढा चुका है हज़ारों ज़माना
मिटाया है मुझको वीरानियों ने
ज़ख़्मों की अब यहाँ हिफ़ाज़त नहीं है

नफ़रत के सागर में जलते हैं अरमाँ
चिंता से अब मैं चिता बन चुका हूँ
जिधर देखता हूँ मिलता है धोखा
किसी की निगाहों में शराफ़त नहीं है

उजड़ा-सा खामोश चमन लग रहे हो
तुम्हें क्या गिला है जो रोते हो साथी
मेरे दिल से पूछो सजाए हैं काँटे
आहों में भी अब नज़ाकत नहीं है

कभी जो मिलेगा समय इन ग़मों से
तेरी याद दिल में सजाएँगे हमदम
निगाहों में तेरी सजाएँगे तस्वीर
आँखों में अब वो शरारत नहीं है

कल्पना

झील से गहरी तेरी आँखें
जी चाहता है खो जाऊँ मैं
पवन-सी शीतल केश की छाया
मन करता है सो जाऊँ मैं

उजला-उजला साँस का दर्पण
महका-महका रूप का उपवन
बहकी-बहकी बोझिल पलकें
रसवंती होठों का चुंबन
अधिकारों की तोड़ के सीमा
तेरा अपना हो जाऊँ मैं
जी चाहता है खो जाऊँ मैं

साँसों की हर एक धड़कन में
गरमी का एहसास बहुत है
बरसाती है रात का मौसम
पिया मिलन की आस बहुत है
हर लम्हे में तुझें समाकर
साँसों में सो जाऊँ मैं
जी चाहता है खो जाऊँ हैं

समर्पण

आज ख़ुशी का पावन पर्व है
फिर भी आँखें भर आती हैं
तेरे विछोह में पल-पल अपनी
आँखें मोती बरसाती हैं

आज प्रसन्न है हर एक चेहरा
सबके मन में जोश भरा है
लेकिन ख़ुशियों के पीछे भी
दर्द एक ख़ामोश भरा है

कल तक थी तुम कली उपवन की
आज पुष्प बन जाना है
यह घर तो केवल रक्षक था
अब घर अपने जाना है

आज तुम्हें जाना है यहाँ से
रोक नहीं चाहते हम चाहकर
हृदय ख़ुशी से भर आता है
ऐसा प्यारा-सा घर पाकर

जीवन साथी बनकर दोनों
तुम जीवन की नौका खेना
अनजानी है डगर तो क्या है
तुम दीपक की लौ बन जाना

आएगी प्रतिपल हमको
बीते कल की याद तुम्हारी
भुला नहीं पाएँगे हम सब
स्नेह श्रद्धा सुमन तुम्हारी

बहकते अरमान

टूटे हुए दिलों की कुछ दास्ताँ सुनाकर
मेरा दिल चुरा रहे हैं दिल को चुराने वाले

कुछ कह रहे हैं मुझसे गुलशन उजड़ ना जाए
गुलशन मिटा रहे हैं कलियाँ चुराने वाले

मझधार में है नैय्या साहिल को ढूँढता हूँ
किश्ती डुबो रहे हैं स्वयं डूब जाने वाले

उनकी कलाइयों में कहीं मोच ना आ जाए
दर्पण उठा रहे हैं मेहँदी के बोझ वाले

दर्दे-जिगर को लेकर परवाने आ रहे हैं
शमा बुझा रहे हैं कुछ चोट खाने वाले

बोझिल पलकें

अलसाई आँखों में जैसे ढूँढ रहा हूँ मैं अपनापन
बोझिल पलकें सिमट रही हैं पाने को साकार स्वप्न

अँगड़ाइयों में छिपी हुई है
टूटी हुई कुछ नींदों की तह
साँस बिखरकर सिमट गई है
लेकर कुछ उम्मीदों की शह
उम्मीदों के आँचल में भी फैला है कुछ मानवतापन
बोझिल पलकें सिमट रही हैं पाने को साकार स्वप्न

उलझी उलझी हुई यादों में
अब है बस अधिकार तुम्हारा
बिखरी-बिखरी हुई साँसों में
जैसे है बस प्यार तुम्हारा
अधिकारों पर बिछा हुआ है मेरे जीवन का अपनापन
बोझिल पलकें सिमट रही हैं पाने को साकार स्वप्न

चलते-चलते ठहर गई हैं
जैसे साँसों की धड़कन
बोझ-बोझ-सी बनकर रह गई
नींदे जैसे जीवन पर
जीवन भी बस बहक रहा है सोच-सोचकर खोयापन
बोझिल पलकें सिमट रही हैं पाने को साकार स्वप्न

बिखरे अरमान

कभी थी पहुँची डोली हमारी साजनवा के गाँव में
उठी थी डोली लगी थी मेहँदी पहनी पायल पाँव में

अभी कुँवारी थी अभिलाषा
बनी नहीं थी पूर्ण सुहागन
रहा अधूरा महका नहीं था
अभी मेरे सपनों का आँगन
छोड़ के जग के झूठे बंधन चली सपनों के गाँव में
उठी थी डोली लगी थी मेहँदी पहनी पायल पाँव में

ये बातें तो थीं कल तक की
लेकिन अब लगता है सपना
रह ना सकी कुछ क्षण में क्योंकि
कोई नहीं था यहाँ पर अपना
रैन बिताई दासी बनकर कुछ दिन पिया की छाँव में
उठी थी डोली लगी थी मेहँदी पहनी पायल पाँव में

सो ना सकी पी की बाहों में
रह प्यासा मम आलिंगन
बिखर गए जो पल थे सँवरे
अब है मोह-माया का क्रंदन
धन के लालच में लगता है यहाँ जीवन भी दाँव में
उठी थी डोली लगी थी मेहँदी पहनी पायल पाँव में

जन्म दिवस

जन्म दिवस पावन बेला पर
सोच रहा हूँ करूँ क्या अर्पण
उर दीपक की तुम हो बाती
जीवन प्रेम तुम्हें समर्पण

तुम जीवन के सुखमय पथ पर
सदा-सदा तक यूँ मुस्कुराओ
प्यार से झोली ना रहे ख़ाली
ऐसा प्यार हमेशा पाओ

व्याप्त हमेशा प्रसन्नता हो
प्रतिक्षण हो ख़ुशियों का मेला
अपनों का संगम ना टूटे
महसूस करो ना कभी अकेला

मधुमास-सी कलियाँ चटकें
पतझड़ का एहसास कभी ना
कोंपल जैसी हरियाली हो
रहे हर्ष की प्यास कभी ना

आँसू क्या कभी ना जाने
होठों से बस मकरंद बरसे

ऐसा सुखमय जीवन पाओ
देख-देखकर और भी तरसे

बाती बनकर जलो हमेशा
चारों और प्रसन्नता भर दो
दर्दो-गम से रहो दूर तुम
सबके दिल में अमृत भर दो

चंद्रमा जैसी जग में चमको
हृदय में न कोई दोष हो
शत वर्ष आयु का संकल्प
दृढ़ आत्मविश्वास प्रेम हो

आशाओं के नील गगन में
दीप दीपाली जैसे चमके
विशाल सुमन उपवन में महके
स्नेह सरिता उर से निकले

प्रणाम

शहीदों, तुमको मेरा प्रणाम!

मातृभूमि की रज को छूकर
टीका माथे आन लगाया
हर दुख को ही सुख समझा
सीने पर हर झोंका खाया
सबकी जुबाँ पर चलता रहेगा, प्रियों तुम्हारा नाम
शहीदों, तुमको मेरा प्रणाम!

तुमने अपनी जान गँवाई
किंतु आन की लाज बचाई
माँ के माथे की बिंदी को
अमरता की शपथ दिलाई
उसी माँ के भाल पर रहेगा, सदा तुम्हारा नाम
शहीदों, तुमको मेरा प्रणाम!

माँ की ममता बहन की राखी
सबकी लाज तुम्हीं ने राखी
हर बच्चा है देश का रक्षक
और देश-नैय्या का माझी
माँ की ममता फूट-फूटकर, रो ना सकी ले तेरा नाम
शहीदों, तुमको मेरा प्रणाम!

मुक्तावली

-1-

दर्द की गोदी में सोया, ग़म ने मुझको पाला
ख़ुशियाँ क्या हैं, कभी ना देखी, जीवन बना निराला
एहसासों ने तोड़-तोड़ कर जीवन मेरा सँवारा
इन सबसे जब प्रेम मिला तो, बन गया शायर प्यारा

-2-

बना के नक़्श ज़मी पर मिटाकर रोता हूँ
तेरी बेवफ़ाई का एहसास हर पल ढोता हूँ
ना भुला सका ना सकूँगा ऐ दोस्त
इसीलिए दर्द पलकों पे सजा के सोता हूँ

-3-

अब तो शेष यादें हैं, इसके सिवा कुछ भी नहीं
डूबते सूरज की परछाई के सिवा कुछ भी नहीं
कौन देता है ये एहसास दो पल जीने का
रात के वीराने में सन्नाटे के सिवा कुछ भी नहीं

-4-

किसी के अश्क से समुंदर भरा नहीं करते
किसी के हँसने से गुलशन लुटा नहीं करते
सबकी क़िस्मत में झरोखे हैं यादों के
यादें आने से इंसान मरा नहीं करते

-5-

याद बीते हुए कल हमको बहुत आते हैं
सूने नयन मन की व्यथा बताते हैं
ये ना सोचो कि तुम्हें भूल गए हैं हम
अब भी दो अश्क पलकों पे छलक आते हैं

-6-

सब आँचल यहाँ बेदाग़ नहीं मिलते
सुख से जीने को विश्वास नहीं मिलते
एक पल ऐसा भी आता है बिछड़ने का
एहसास रह जाता है इंसान नहीं मिलते

-7-

आज हम अकेले हैं साथ में कोई नहीं
इसलिए ख़्वाबों की तस्वीर बनाई नहीं
मजबूर कितने हम हैं दुनिया की रस्मों से
कहते हैं सब अपना, पर समझता कोई नहीं

-8-

वक़्त यादों में चुपके से गुज़र जाता है
सूना पल आकर एहसास दिला जाता है
कि कौन होता है मेरे साथ तन्हाई में
मेरा अपना ही सुख आँख चुराता है

-9-

उठेंगे ज्वार तो किश्ती डगमगाएगी
मेरे हालात पर फिर क़िस्मत मुस्कुराएगी
ये बात और है कि नाख़ुदा सँभाल ले किश्ती
वरना कुछ पल में ये मौत सिमट आएगी

-10-

मृगतृष्णा के पीछे हम कब तक जा पाएँगे
अँधेरों में अपने को कब तक भटकाएँगे
हो सकता है आज की मुलाक़ात आख़िरी हो
इसके बाद तेरी महफ़िल से दूर चले जाएँगे

-11-

हम टूट भी जाएँ तो क्या, तुम ग़म ना उठाना
मेरे लिए अपनी ख़ुशियाँ ना लुटाना
कल मौत आकर जब मेरा दामन सँभाल ले
ओ बेवफ़ा मेरी मौत पर आँसू ना बहाना

-12-

याद जब भी मिले एक इंतज़ार है
ज़िंदगी जब भी मिले एक क़रार है
दर्द पलते नहीं बिस्तरों की गोद में
प्यार जब भी मिले एक उपहार है

-13-

कितनी ख़ुशियों ने मेरे ग़म को छुआ ही नहीं
जैसे ज़िंदगी को मैंने जिया ही नहीं
कितने मासूम-से सपने थे मेरे नयनों में
खो गए जैसे कोई गुनाह हुआ ही नहीं

-14-

सुख इंसान को क़िस्मत से ही मिलते हैं
दर्द हम जैसों को विरासत में ही मिलते हैं
हर ग़म तो मोहब्बत का एहसास नहीं होता
ज़ख़्म ग़ैरों से नहीं अपनों से ही मिलते हैं

-15-

हम दिन के उजाले में मिलने को तरसते हैं
तुम रात को चुपके से, तन्हाई में आते हो
हम पलकों के दर को जब बंद कर सोते हैं
तुम खोल के चुपके से ख़्वाबों में आते हो

-16-

इस बस्ती में कितनी तन्हाई सिमट आई है
कलियों ने भी हमसे बेवफ़ाई निभाई है
दूर जलते रहते हैं तेरी यादों के चिराग़
लेकिन मेरे दर तक भी उनकी परछाई है

-17-

गीत लिखते नहीं गुनगुनाने के लिए
प्यार करते नहीं कुछ पाने के लिए
कैसे पगले हो जो बात करते हो यूँ
याद आती नहीं भूल जाने के लिए

-18-

हर प्यार में वासना की प्यास नहीं होती
हर एक शमा तो उदास नहीं होती
और भी ग़म होते हैं ज़माने में मोहब्बत के सिवा
मोहब्बत की चोट ही शायर की आस नहीं होती

-19-

याद आती है तो ख़ामोश बना जाती है
दो घड़ी चैन को बेचैन बना जाती है
ऐसे आती है कि पतझड़ हो जैसे
महके गुलशन को वीरान बना जाती है

-20-

जनम भर साथ के वादे यही पर टूट जाते हैं
जिन्हें हम प्यार करते हैं यहीं पर छूट जाते हैं
ना जाने कौन सा बंधन हमें उनसे मिलाते हैं
वो कैसे अपने होते हैं जो अक्सर रूठ जाते हैं

-21-

उगते सूरज ने हमको जनम भर दिया
रात के साए में हम ना सोए कभी
चंद सिक्कों पे तुलते रहे उम्र भर
अपनी ख़ुशियों की सुबह ना आई कभी

-22-

ऐसे मिट जाएँ कि मिटने का कोई ग़म भी ना हो
मर भी जाएँ तो आरज़ूएँ फिर भी कम ना हो
मिलेंगे बिछड़ेंगे कई बार ये तय है, लेकिन
ऐसे बिछड़ें कि किसी की आँखें भी नम ना हो

-23-

कोई हमको ना सताए तो मज़ा आता है
कोई अपना-सा बनाए तो मज़ा आता है
और छुप-छुप के जो पीते हैं तो क्या बोले
कोई नज़रों से पिलाए तो मज़ा आता है

-24-

खोखले विचारों के हम सताए हैं
विश्वास के भूतल को हम छू ना पाए हैं
महसूस ये होता है कि जीवन में हम
कितने अकेले हैं, कितने पराए हैं

-25-

चाँदनी के सिवा चाँद से कुछ नहीं मिलता
तन्हाई के सिवा प्रीत से कुछ नहीं मिलता
क्यों किसी से प्रेम के रिश्ते निभाए हम
बेवफ़ाई के सिवा बस कुछ नहीं मिलता

-26-

क्यों बार-बार जीने के स्वांग रचते हो
आँखों में दर्द लाकर क्यों अफ़सोस करते हो
दुनिया ने तो हमें कभी समझा नहीं अपना
तुम भी तो हमें दिल से पराया समझते हो

-27-

उपवन में फूल शायद अब फिर ना खिलेंगे
हृदय के उद्गार अब, फिर ना छलेंगे
तुम दिल का दीया लेकर ढूँढोगे बार-बार
रोओगे मेरी याद में हम फिर न मिलेंगे

-28-

वो बेवफ़ा ही सही, हम तो वफ़ा निभाएँगे
वो ज़िंदगी भी माँगे, तो हम दे जाएँगे
ये सच है कि हमने आज़माया कई बार
वक़्त आने पर वो साफ़ मुकर जाएँगे

-29-

मन की भावनाएँ हैं, कोई साथी नहीं है
छलकती मय है, कोई साक़ी नहीं है
दुनिया ने दर्द देकर इतना सता दिया
कि जीने की तमन्ना अब बाक़ी नहीं है

-30-

अलविदा कह दिया हमने दुनिया से यूँ
हमको जाना ही था, लो हम चल दिए
ख़ुश रहे तेरा ये अहल-ए-चमन
तुमसे इतना ही रिश्ता था, हम चल दिए

-31-

चलो अब तुम्हें हम नया नाम देंगे
अधरों की मीठी-सी मुस्कान देंगे
फिर भी जो सिसके पलकों का आँचल
चले आना अश्कों को हम थाम लेंगे